Devocionario Bíblico Guadalupano

Rev. José Luis Meza Ortega

One Liguori Drive
Liguori, Missouri 63057
(314) 464-2500

Imprimi Potest:
Edmund T. Langton, C.SS.R.
Provincial de la provincia de San Luis
Padres Redentoristas

Imprimatur:
+John N. Wurm, S.T.D., Ph.D.
Vicario general de la archidiócesis de San Luis

©1980, Publicaciones Liguori
ISBN 0-89243-130-X
Impreso en los Estados Unidos. Printed in U.S.A.

Indice

Unas Palabras del Padre Meza 5

Oración de Juan Pablo II a la Virgen
de Guadalupe 6

1. Lugares Relacionados con las Apariciones 8

2. Algunos Datos Sobre la Sagrada Imagen 12

3. Las Palabras de la Santísima Virgen
   de Guadalupe 15

4. Celebraciones de la Palabra de Dios
   para los Días del Novenario 20

5. Meditaciones Bíblicas Guadalupanas 32

Unas Palabras del Padre Meza

Al observar que la devoción tradicional a la santísima Virgen María no ha tenido una suficiente reflexión acerca de las fuentes bíblicas en las cuales se basa el culto mariano, el presente Devocionario intenta despertar un interés por el estudio de la Biblia.

Esta finalidad tiene además el propósito de promover una devoción mariana más apegada a la Sagrada Escritura y a los Documentos del Vaticano II, a fin de evitar, en el culto mariano, todo lo que sea supersticioso, puramente sentimental, y que aparte de alguna manera al pueblo de la auténtica fe católica.

Agradecimiento a la Virgen de Guadalupe

Cuando de niño miré tu Imagen
de aquella iglesia de Guadalupe,
supe que tú eras la Madre buena
que siempre acoges al que te busque.
Cuando ya de joven seguía tus pasos
buscando en la vida un faro de fe,
frente a tu Imagen de Guadalupe
sentí el llamado que me hizo ver:
que mis hermanos me necesitaban
para mostrarles la verdad y el bien
que los llevara a tu Hijo Cristo
que es de la tierra la paz y el Rey.
¿Por qué no darte las gracias, Madre,
cuando tu amor es nuestro sostén?

— José Luis Meza Ortega

Oración de Juan Pablo II a la Virgen de Guadalupe

Oh, Virgen Inmaculada, Madre del verdadero Dios y Madre de la Iglesia, tú, que desde este lugar manifiestas tu clemencia y tu compasión a todos los que solicitan tu amparo, escucha la oración que con filial confianza te dirigimos, y preséntala ante tu Hijo Jesús, único Redentor nuestro.

Madre de misericordia, maestra del sacrificio escondido y silencioso, a tí, que sales al encuentro de nosotros los pecadores, te consagramos en este día todo nuestro ser y todo nuestro amor. Te consagramos también nuestra vida, nuestros trabajos, nuestras alegrías, nuestras enfermedades y nuestros dolores.

Da la paz, la justicia y la prosperidad a nuestros pueblos, y todo lo que tenemos y somos lo ponemos bajo tu cuidado, Señora y Madre nuestra. Queremos ser totalmente tuyos y recorrer contigo el camino de una plena fidelidad a Jesucristo en su Iglesia: no nos sueltes de tu mano amorosa.

Virgen de Guadalupe, Madre de las Américas, te pedimos por todos los obispos, para que conduzcan a los fieles por senderos de intensa vida cristiana, de amor y de humilde servicio a Dios y a las almas. Contempla esta inmensa mies, e intercede para que el

Señor infunda hambre de santidad en todo el Pueblo de Dios, y otorgue abundantes vocaciones de sacerdotes y religiosos, fuertes en la fe y celosos dispensadores de los misterios de Dios.

Concede a nuestros hogares la gracia de amar y respetar la vida que comienza con el mismo amor con el que concebiste en tu seno la vida del Hijo de Dios.

Virgen Santa María, Madre del Amor hermoso, protege a nuestras familias para que estén siempre muy unidas, y bendice la educación de nuestros hijos.

Esperanza nuestra, míranos con compasión a ir continuamente a Jesús y, si caemos, ayúdanos a levantarnos, a volver a él mediante la confesión de nuestras culpas y pecados en el sacramento de la penitencia, que trae sosiego al alma.

Te suplicamos que nos concedas un amor muy grande a todos los sacramentos, que son como las huellas que tu Hijo nos dejó en la tierra.

Así, Madre Santísima, con la paz de Dios en la conciencia, con nuestros corazones libres de mal y de odios, podremos llevar a todos la verdadera alegría y la verdadera paz, que vienen de tu Hijo, nuestro Señor Jesucristo, que con Dios Padre y con el Espíritu Santo, vive y reina por los siglos de los siglos. Amén.

— Juan Pablo II

1. Lugares Relacionados con las Apariciones

TEPEYAC (TEPEYACAC) — Significa "punta de cerro o nariz montaña." El Tepeyac es un pequeño monte de unos 40 metros de altura situado al NE. de la ciudad de México sobre el valle de Anahuac. En este lugar tuvieron lugar las apariciones de la Virgen de Guadalupe al indio Juan Diego (Juan Diegotzin) los días 9, 10 y 12 de diciembre de 1531.

ANAHUAC — Significa "junto al agua." Es el nombre del Valle de México que actualmente comprende la cuidad de México y el lago de Texcoco.

TENOCHTITLAN (Mexitili, México). Es el nombre de la ciudad de México cuando fue fundada por el imperio azteca en 1325 de la era cristiana en honor del sacerdote Tenoch. Otros afirman que Tenochtitlán significa "el lugar de la piedra y el nopal." (Telt = piedra; Nochtli = nopal; Tlan = lugar.)

TLATELOLCO (TLALTELOLCO, TLALTELULCO, TLATILOLCO). Lugar donde los PP. Franciscanos tenían un centro de instrucción religiosa situado entre el Tepeyac y el centro de la ciudad. A este lugar acudía Juan Diego a la Doctrina cristiana. Actualmente, este lugar se llama "Plaza de las tres culturas."

CUAUHTITLAN. Pueblo donde se cree nació Juan Diego. Está a unos 16 kilómetros al NE. de la ciudad de México.

TOLPETLAC. Lugar donde vivía Juan Diego en tiempo de las apariciones y lugar de origen de su esposa Lucía. Situado a 4 kilómetros del Tepeyac. Algunos historiadores afirman que Juan Diego vivía en Tlayácatl ("Lugar del terremoto") junto al Tolpetlac.

La casa del obispo Fr. Juan de Zumárraga estaría en la calle Moneda No. 4 en el centro de la ciudad de México. En ese lugar apareció pintada la Imagen de Guadalupe en el ayate de Juan Diego.

La casa de Juan Bernardino, tío de Juan Diego, estaba en Tolpetlac a unos 4 kilómetros del Tepeyac al NE. de la ciudad de México.

La PRIMERA APARICION tuvo lugar en la cumbre poniente del Tepeyac ("El cerrito") el sábado 9 de diciembre de 1531 por la madrugada.

La SEGUNDA APARICION tuvo lugar el mismo sábado (9 de diciembre) y en el mismo lugar ("El cerrito") por la tarde entre las 6 y las 7 p.m.

La TERCERA APARICION tuvo lugar el domingo 10 de diciembre de 1531 hacia el medio día, o un poco después, en el mismo lugar de "El cerrito" o cumbre del Tepeyac.

La CUARTA APARICION tuvo lugar el martes 12 de diciembre de 1531 en la madrugada, en el lugar que se llama "El Pocito de la Virgen" cerca de un árbol llamado

"Cuautzahualt" ("casahuate") por el lado oriente del Tepeyac. Entre "el pocito" y "el casahuate" hay unas 65 varas de distancia.

Las ROSAS "de Castilla" que la Virgen le mandó a cortar a Juan Diego aparecieron en la cumbre del Tepeyac en el mismo lugar donde tuvieron lugar las tres primeras apariciones.

La PRIMERA ERMITA, hecha de adobe crudo, fue construída inmediatamente después de la cuarta aparición. Se construyó junto al árbol "Cuautzahualt", en el lado oriente del Tepeyac. En este lugar estuvo la Sagrada Imagen durante 90 años — de 1531 a 1621. En el Oratorio del obispo Zumárraga solamente estuvo 14 días (del 12 de diciembre al 26 del mismo mes).

La PARROQUIA (llamada Parroquia de los indios) fue construída en el lugar donde estuvo la Primera Ermita. En este lugar permaneció la Sagrada Imagen por 88 años (de 1621 a 1709) al sur del Tepeyac.

La BASILICA de tres naves y de estilo dórico fue dedicada el 1ro de mayo de 1709. En este lugar estuvo la Sagrada Imagen hasta el 12 de octubre de 1976, con excepción de 7 años, 7 meses y 7 días que estuvo en el Convento de Capuchinas mientras se reparaba la Basílica para la coronación pontificia que fue en 1895.

La BASILICA actual, de estilo modernista semejando una tienda de campaña, fue inaugurada el 12 de octubre de 1976. Está situada en el ángulo SO. del atrio de la Basílica anterior.

CAPILLA DEL CERRITO fue construída en el lugar donde Juan Diego cortó las rosas en la cumbre del Tepeyac. La primera capilla fue costeada por Don Cristóbal de Aguirre y Teresa Peregrina en 1660. La segunda, hecha en el mismo lugar, por el P. José María Montúfar, data de 1748.

CAPPILA DEL POCITO fue construída en 1777 y es de forma elíptica. Es el lugar donde, según la tradición, la Virgen esperó a Juan Diego mientras bajaba del cerro con las flores. Dentro hay un manantial que, según algunos historiadores, brotó milagrosamente. Otros afirman que ya existía antes.

CAPILLA DE LA VIRGEN está cerca del Pocito y fue construída por la familia Alvarez Icaza y bendecida el 8 de septiembre de 1905 por el obispo Próspero María Alarcón. En este lugar, según la creencia, la Virgen María tocó las flores que Juan Diego había cortado.

2. Algunos Datos Sobre la Sagrada Imagen

El nombre tradicional de la Virgen es el de "Guadalupe." Y en cuanto a su origen y significado hay varias opiniones:

- Juan Diego tal vez pronunció la palabra "Tequatlanopehu" que significa "La que tuvo origen de la cumbre de las peñas." O también pudo decir "Tequantlaxopeuh" que significa "La que auyentó a los que no comían." (Bro. Luis Becerra Tanco.)

- También hay quienes dicen que "Guadalupe" se deriva del árabe y que significa "Río, arroyo, agua que corre." Esta palabra "Guadalupe" se compone de dos vocablos: "Guada" (río) y "Lupe" (luz, vida). Y por eso "Guadalupe" significa "Río de luz," o simplemente, "Manantial de agua."

- Otros más afirman que Juan Diego oyó claramente la voz "Guadalupe" pero que lo pronunció "Cuatalope" ya que el idioma mexicano no usa las letras d y g.

- Algunas explicaciones populares hacen derivar el nombre "Guadalupe" del árabe y latín afirmando que significa: "Guada" (río) y "Lupus" (lobo).

- Respetando las interpretaciones etimológicas de los historiadores, el pueblo mexicano identifica a la Virgen con el nombre de "Santa María de Guadalupe."

El "AYATE" (o tilma) sobre el cual está pintada la Sagrada Imagen es una tela burda parecida a la lona. Está tejido en dos partes y están unidas con hilo menos resistente. Está hecho de una fibra de maguey llamada "yczotl" o también "yztle." Algunos opinan que es una fibra de palma.

Según el pintor Don Luis Toral González, el lienzo mide 170 centímetros de largo por 105 centímetros de ancho. Y esto sin contar lo que puede estar doblado sobre el bastidor.

La pintura, según Cabrera, es de tres clases:
- La cabeza y las manos de la Virgen están hechas al óleo (o aceite) pero sin preparados.
- La túnica, el ángel, las nubes y el campo de fondo, están hechos de un preparado de lacas y gomas llamado "al temple."
- El manto es de una aplicación llamada "aguazo" o de simple pintura con agua.

Según este especialista, no hay otra imagen semejante en el mundo.

Los colores de la Imagen:
- La túnica es rosada, con damascos dibujados.
- Al cuello la túnica ajusta con un botón amarillo y una cruz negra.
- El manto es verde azul celeste.
- El rostro y manos son de moreno esmeralda.
- El sol es dorado en combinación rojizo en la parte más lejana al cuerpo de la Imagen.
- Sobre el manto aparecen 46 estrellas doradas — 22 a la derecha y 24 a la izquierda.

• Los rayos del sol tienen armonía alternada y son 129 en total — 62 al lado derecho y 67 a la izquierda. Unos son rectos terminados en punta, y otros son serpenteados.

El tamaño de la Imagen es de unas seis cuartas y un geme. (P. Mateo de la Cruz) Tiene aproximadamente 1.50 metros de altura y representa a una jovencita entre los 14 y 15 años de edad. (Alberto Durero)

El ángel que está a sus pies manifiesta un "tierno semblante... tiene la cabeza inclinada sobre el lado izquierdo. Viste una túnica rosada que abrocha con un botón amarillo... Las alas están matizadas de modo que hasta ahora no se ha visto y las plumas son de tres órdenes: azules, amarillas y encarnadas." (Miguel Cabrera)

Muchos opinan que dicho ángel representa al arcángel San Gabriel, el mismo que anunciara a la Virgen María la encarnación de Cristo.

3. Las Palabras de la Santísima Virgen de Guadalupe

Primera aparición el 9 de diciembre de 1531 en la madrugada:

"*Juanito, el más pequeño de mis hijos, ¿a dónde vas?*"

Juan Diego respondió: "Señora y Niña mía, tengo que llegar a tu casa de México Tlatilolco, a seguir las cosas divinas, que nos dan y enseñan nuestros sacerdotes, delegados de nuestro Señor."

"*Sabe y ten entendido, tú el más pequeño de mis hijos, que yo soy la siempre Virgen María, Madre del verdadero Dios por quien se vive; del Creador cabe quien está todo; Señor del cielo y de la tierra. Deseo vivamente que se me erija aquí un templo, para en él mostrar y dar todo mi amor, compasión, auxilio y defensa, pues yo soy vuestra piadosa Madre. A tí, a todos vosotros los moradores de esta tierra y a los demás amadores míos que me invoquen y en mí confíen; oír sus lamentos, y remediar todas sus miserias, penas y dolores.*"

Segunda aparición el 9 de diciembre de 1531 por la tarde:

Juan Diego le dijo: "Señora, la más pequeña de mis hijas. Niña mía, fui a donde me enviaste a cumplir tu mandato; con dificultad entré a donde es el asiento del prelado; le vi y expuse tu mensaje y me oyó con atención; pero en cuanto me respondió, pareció que no me creyó; me dijo: 'Otra vez vendrás; te oiré más despacio y veré el deseo y voluntad con que has venido.' Comprendí muy bien en la manera como me respondió, que piensa que es quizás invención mía que tú quieres que aquí te hagan un templo y que acaso no es de orden tuya; por lo cual te ruego encarecidamente, Señora y Niña mía, que a alguno de los principales, conocido, respetado y estimado, le encargues que lleve tu mensaje, para que le crean; porque yo soy un hombrecillo, soy un cordel, soy cola, soy hoja, soy gente menuda y tú Niña mía, la más pequeña de mis hijas, Señora, me envías a un lugar por donde no ando y donde no paro. Perdóname que te cause tan gran pesadumbre y caiga en tu enojo. Señora y Dueña mía."

La Virgen respondió:

"Oye, hijo mío, el más pequeño. Ten entendido que son muchos mis servidores y mensajeros a quienes puedo encargar que lleven mi mensaje y hagan mi voluntad; pero es de todo punto preciso que tú mismo solicites y ayudes y que con tu mediación se cumpla mi voluntad; mucho te ruego que otra vez vayas mañana a ver al obispo, dale parte en mi nombre y hazle saber por entero mi voluntad: que tiene que poner por obra el templo que le pido. Y otra vez dile que yo en persona, la siempre Virgen Santa María, Madre de Dios, te envía."

Respondió Juan Diego: "Señora y Niña mía, no te cause yo aflicción; de muy buena gana iré a cumplir tu mandato; de ninguna manera dejaré de hacerlo, ni tengo por penoso el camino. Iré a hacer tu voluntad; pero acaso no seré oído con agrado; y si fuere oído, quizá no se me creerá. Mañana en la tarde cuando se ponga el sol, vendré a dar razón de tu mensaje con lo que ya de tí me despido. Hija mía, la más pequeña, mi Niña y Señora. Descansa entre tanto."

Tercera aparición el 10 de diciembre después del mediodía:

"Bien está, hijito mío, volverás aquí mañana para que lleves al obispo la señal que te ha pedido; con esto te creerá y acerca de esto ya no dudará ni de tí sospechará; y sábete, hijo mío, que yo te pagaré tu cuidado y el trabajo y cansancio que por mí has impendido; ea vete ahora; que mañana aquí te aguardo."

Cuarta aparición el 12 de diciembre en la madrugada:

"¿Qué hay, hijo mío el más pequeño? ¿A dónde vas?"

Juan Diego respondió: "Niña mía, la más pequeña de mis hijas. Señora, ojalá estés contenta. ¿Cómo has amanecido? ¿Estás bien de salud? Señora y Niña mía, voy a causarte aflicción; sabe Niña mía, que está muy malo un pobre siervo tuyo, mi tío; le ha dado la peste y está para morir. Ahora voy presuroso a tu casa de México a llamar a uno de los sacerdotes de Nuestro Señor, que vaya a confesarle y diponerle; porque desde que nacimos, venimos a aguardar el trabajo de nuestra muerte. Pero si voy a hacerlo, volveré luego otra vez aquí, para ir a llevar tu mensaje, Señora y Niña mía, perdóname, tenme por ahora paciencia; no te engaño, Hija Mía, la más pequeña; mañana vendré a toda prisa."

"Oye y ten entendido, hijo mío el más pequeño, que es nada lo que te asusta y aflige, no se turbe tu corazón, no temas esa enfermedad ni otra alguna enfermedad, y angustia. ¿No estoy yo aquí que soy tu madre? ¿No estás bajo mi sombra? ¿No soy yo tu salud? ¿No estás por ventura en mi regazo? ¿Qué más has menester? No te apene ni te inquiete otra cosa; no te aflija la enfermedad de tu tío, que no morirá ahora de ella; está seguro de que ya sanó."

La Señora del cielo le ordenó luego que subiera a la cumbre del cerro donde antes la veía:

"Sube, hijo mío, el más pequeño, a la cumbre del cerillo, allí donde me viste y te dí órdenes, hallarás que hay diferentes flores; córtalas, júntalas, recógelas; en seguida, baja, tráelas a mi presencia."

Al regresar Juan Diego con las flores, la Virgen del cielo le dijo:

"Hijo mío, el más pequeño, esta diversidad de rosas es la prueba y señal que llevarás al obispo, le dirás en mi nombre que vea en ella mi voluntad y que él tiene que cumplir. Tú eres mi embajador, muy digno de confianza. Rigurosamente te ordeno que solamente delante del obispo despliegues tu manta y descubras lo que llevas:

contarás bien todo; dirás que te mandé subir a la cumbre del cerrillo, que fueras a cortar flores y todo lo que viste y admiraste, para que puedas inducir al prelado a que dé su ayuda, con objeto de que haga y erija el templo que te he pedido."

4. Celebraciones de la Palabra de Dios para los Días del Novenario

Nota: Estas celebraciones son para grupos y para individuos.

PRIMER DÍA: *"El Verbo se hizo Carne y habitó entre nosotros"*

1. *Canto de preparación. (opcional)*
2. *Preparación.*

Hermanos, nos hemos reunido en este lugar para honrar a la Madre de Dios en su advocación de la Virgen de Guadalupe. Por la meditación en la Palabra de Dios podremos descubrir que ella es la Madre del Verbo hecho Carne. Oigamos las lecturas bíblicas con profunda fe y humildad.

3. *Lectura:* Isaías 7:10-17; Juan 1:1-14.
4. *Salmo responsorial:* Salmo 123
   Respuesta: Nuestros ojos están observando al Señor nuestro Dios.
5. *Reflexión individual o comunitaria.*
6. *Oración:*

Dios todopoderoso y eterno, que en los planes de tu misericordia quisiste revelarnos la verdad; por medio de tu Verbo hecho Carne, haz que nosotros, dejando los errores de este siglo, nos apartemos cada vez más de la mentira y de las tinieblas del pecado, y podamos conocer mejor el mensaje de tu salvación.

Virgen santísima de Guadalupe, Madre de la verdad y de la luz; que visitaste nuestra patria en el Tepeyac, para disipar la oscuridad del paganismo trayendo la luz de la verdad y de la fe para nuestro pueblo, alcánzanos de tu Hijo la gracia de la luz eterna; y vivir en esta peregrinación temporal, conforme a los mandamientos de la ley de Dios, y a las enseñanzas de tu Hijo Jesucristo, el cual vive y reina en la unidad del Espíritu Santo por los siglos de los siglos. Amén.

7. *Canto final. (opcional)*

SEGUNDO DÍA: *"Apareció en el cielo una mujer vestida del sol..."*

1. *Canto de preparación. (opcional)*
2. *Preparación.*

Hermanos, dispongamos nuestro espíritu para oír y meditar en la Palabra de Dios que nos invita a contemplar en la Virgen María las maravillas de la gracia de Dios.

3. *Lectura:* Apocalipsis 12:1-6; Mateo 2:7-12.
4. Salmo responsorial: Salmo 65:6-14.
   Respuesta: Tú nos responderás, Dios salvador nuestro.
5. *Reflexión individual o comuntaria.*
6. *Oración:*

Dios misericordioso y eterno, que te has dignado revelar por medio de señales y profetas, el designio de tu misericordia a través de los tiempos y en tu mismo Hijo, el Esperado de las naciones; te pedimos que nuestros ojos y oídos estén siempre atentos a tu voluntad, y recibamos el gozo de tu salvación.

Virgen santísima, abogada y madre de piedad, tú que llevaste en tu seno al Dios del perdón y la misericordia; y viniste al Tepeyac apareciendo vestida del sol, cobijada de estrellas y la luna a tus pies; para comprender en tu imagen guadalupana las enseñanzas de la fe cristiana, haz que nosotros los que te reconocemos como Madre y amparo en nuestras debilidades, sepamos seguir las verdades de nuestra fe y gozar del rostro de tu Hijo en el cielo. Te lo suplicamos por los méritos de tu Hijo Jesús, el cual vive y reina con el Padre, en la unidad del Espíritu Santo, por los siglos de los siglos. Amén.

7. *Canto final. (opcional)*

TERCER DÍA: *"María dijo a Jesús: 'No tienen vino'."*

1. *Canto de preparación.* (opcional)
2. *Preparación.*
   Hermanos, que el Espíritu Santo venga a nuestros corazones para disponernos a celebrar la fiesta de la Madre de Cristo mediante la oración y la meditación en la Palabra de Dios.
3. *Lectura:* Cantar de los Cantares 2:8-14; Juan 2:1-12.
4. *Salmo responsorial:* Salmo 128.
   Respuesta: Felices los que temen al Señor y siguen su camino.
5. *Reflexión individual o comunitaria.*
6. *Oración:*

Dios de gracia y de bondad, que enviaste al mundo a tu Hijo para santificar el amor de los esposos haciendo de él un sacramento de gracia; y que representa la unión de Cristo con la Iglesia; te pedimos que por la intercesión de la Virgen María, tu Hijo haga felices a todas las familias de la tierra, y las haga partícipes de las bodas eternas en el cielo.

Santa María de Guadalupe, Virgen y Madre de Dios, que al concebir a tu Hijo Jesús fuiste esposa fidelísima del Espíritu Santo y de San José; solicitaste de tu Hijo su primer milagro en las bodas de Caná para hacer felices a aquellos esposos; y al descender en el Tepeyac le confiaste tus deseos de madre piadosa, a tu confidente Juan Diego, también esposo de Lucía, su mujer; te pedimos llenos de fe en tu intercesión, que mires con ojos de misericordia a todos los esposos de la tierra; y les concedas el regalo del vino espiritual que necesitan para ser fieles a su amor. Esto te lo pedimos por tu Hijo Jesús, el cual vive y reina con el Padre, en la unidad del Espíritu Santo, por los siglos de los siglos. Amén.

7. *Canto final. (opcional)*

CUARTO DÍA: *"He aquí la esclava del Señor, que se haga en mí lo que has dicho."*

1. *Canto de preparación. (opcional)*
2. *Preparación.*

Nos hemos reunido aquí para reflexionar en las virtudes de la Madre de Dios. Estemos atentos a las enseñanzas de la Palabra de Dios.

3. *Lectura:* 1 Corintios 13:1-13; Lucas 1:38-45.
4. *Salmo responsorial:* Salmo 46.
   Respuesta: Dios es nuestro refugio y fortaleza.
5. *Reflexión individual o comunitaria.*
6. *Oración:*

Señor Jesucristo, Hijo de Dios vivo; que te dignaste venir al mundo en la humildad de nuestra condición humana, menos el pecado; te pedimos que aumentes en nosotros aquellas virtudes de fe, esperanza y amor con que adornaste el alma de tu Madre; y que por medio de ellas, obtengamos el espíritu de la sencillez que tú nos recomendaste para alcanzar la vida eterna.

Madre de Dios y madre nuestra, tú que te declaraste ser la humilde sierva del Señor; y te apareciste en el Tepeyac dejando tu imagen en la pobre tilma de tu siervo Juan Diego, te pedimos que nos alcances de tu Hijo Jesús, las virtudes que tú misma practicaste a fin de que nuestra vida sea grata a los ojos de Dios, y podamos, un día, estar contigo allá en el cielo. Haz que nuestra fe sea más profunda; que nuestra esperanza sea más firme; que nuestra caridad sea más generosa; y que nuestra humildad sea más evangélica. Te lo pedimos por tu Hijo Jesús, el cual vive y reina con el Padre, en la unidad del Espíritu Santo, por los siglos de los siglos. Amén.

7. Canto final. (opcional)

QUINTO DÍA: *"Tu padre y yo te buscábamos llenos de pena."*

1. *Canto de preparación. (opcional)*
2. *Preparación.*

La Palabra de Dios nos invita en este día a reflexionar en el crecimiento de nuestra vida cristiana, hasta ser adultos responsables por medio de una liberación evangélica. Escuchemos con atención los mensajes de la Escritura.

3. *Lectura:* Romanos 8:15-21; Lucas 2:41-52.
4. *Salmo responsorial:* Salmo 146.
   Respuesta: Alabemos al Señor toda la vida.
5. *Reflexión individual o comunitaria.*

mismo Dios, Padre, Hijo y Espíritu Santo. Te lo pedimos por tu Hijo Jesús, que vive y reina con el Padre en la unidad del Espíritu Santo, por los siglos de los siglos. Amén.

7. *Canto final. (opcional)*

SÉPTIMO DÍA: *"Mujer, ahí tienes a tu Hijo."*
Amigo, "ahí tienes a tu Madre."

1. *Canto de preparación. (opcional)*
2. *Preparación.*

Que la gracia del Espíritu Santo ilumine nuestros corazones para recibir con docilidad la semilla de la Palabra de Dios. Ella nos invita hoy para ver en María el modelo de la Iglesia. Estemos atentos a los mensajes de la Escritura.

3. *Lectura:* Hechos 2:42-47; Juan 19:25-30.
4. *Salmo responsorial:* Salmo 23.
   Respuesta: El Señor es mi pastor, nada me puede faltar.
5. *Reflexión individual o comunitaria.*
6. *Oración:*

Señor Jesucristo, que al morir en la cruz para redimirnos, nos has dejado a tu Madre como protectora de la Iglesia, te pedimos por un conocimiento más profundo de la fe; por el espíritu de amor más alegre y cordial; por un desprendimiento más generoso de los bienes para ayudar a los pobres; y por la fuerza de la oración y celebración eucarística.

Virgen María y Madre de la Iglesia, que al bajar al Tepeyac pediste un templo para oír y curar las dolencias de tus hijos, te pedimos que renueves y bendigas nuestros hogares para que se conviertan en familias cristianas; que bendigas y renueves nuestras parroquias para que sean verdaderas comunidades de fe, culto y amor; que despiertes muchas comunidades de base y sean fermento de justicia, liberación y fraternidad; que bendigas y renueves nuestra comunidad diocesana con su pastor, el obispo N. _____, los sacerdotes, diáconos, religiosas y ministros de las organizaciones pastorales. Todo esto te lo pedimos, Madre, por los méritos de tu Hijo Jesús, el cual vive y reina con el Padre, en la unidad del Espíritu Santo, y es Dios, por los siglos de los siglos. Amén.

7. *Canto final. (opcional)*

OCTAVO DÍA: *"Dichosa me llamarán todas las generaciones."*

1. *Canto de preparación. (opcional)*
2. *Preparación.*

Nos hemos congregado como hermanos e hijos de Dios, para honrar a la Virgen María, en quien el Todopoderoso ha hecho las mejores obras de su gracia y amor. Que la lectura de la Palabra de Dios nos lleve a la contemplacón de los misterios marianos que estamos celebrando.

3. *Lectura:* Sabiduría 7:21-30; Lucas 1:46-56.
4. *Salmo responsorial:* Salmo 148.
    Respuesta: Alaben al Señor los cielos y la tierra porque es grande su poder.
5. *Reflexión individual o comunitaria.*
6. *Oración:*

Santa María, Madre de Dios, tú que te has aparecido en la Iglesia de varias maneras para darnos a conocer los secretos de tu bondad y amor, y te has querido llamar con diferentes nombres para que nosotros nos acerquemos a tí llenos de fe y confianza, haz que nuestras devociones a tus imágenes no sean causa de un culto indebido, sino que todas ellas nos acerquen a tu Hijo Jesús. Que al venerarte como Madre de Cristo, en tu ejemplo encontremos un estímulo de fe, esperanza, amor y humildad, para glorificar a Dios por las gracias y beneficios que hemos recibido. No permitas, Madre, que por honrarte en tu sagrada imagen del Tepeyac, se debilite nuestro aprecio por las demás devociones marianas; o que la tuya se convierta en un sentimentalismo estéril en obras.

Ruega por nosotros pecadores, ahora que te recordamos en el mistrio de las rosas; ahora que nos acercamos a tu altar para agradecerte el que hayas venido a nuestra patria. Y a la hora de nuestra muerte, no permitas que el maligno nos haga perder la confianza en tu protección, sino que, confiados en tu poder, nos alcances de tu Hijo Jesús, la dicha de la bienaventuranza. Te lo pedimos por tu Hijo, el cual vive y reina con el Padre, en la unidad del Espíritu Santo, por los siglos de los siglos. Amén.

7. *Canto final. (opcional)*

NOVENO DÍA: *"¿No estoy yo aquí que soy tu Madre?"*

1. *Canto de preparación. (opcional)*
2. *Preparación.*

Al recordar las palabras de la santísima Virgen de Guadalupe: *"¿No estoy yo aquí que soy tu Madre?"*, ellas nos despierten una confianza tan profunda que nos permitan acercarnos sin temor a las fuentes de la Palabra de Dios. Los mensajes de la Escritura nos invitan hoy

para meditar en la acción misionera de la Virgen, Madre nuestra, y Madre de la Iglesia universal.
3. *Lectura:* Apocalipsis 21:2-5; Mateo 5:1-12.
4. *Salmo responsorial:* Salmo 93.
   Respuesta: ¡El Señor reina, y se viste de grandeza!
5. *Reflexión individual o comunitaria.*
6. *Oración:*

Santa María Reina, emperatriz y misionera de las Américas, mira con bondad a nuestros pueblos y naciones que luchan por su liberación, la paz y la justicia; y al venir a México para establecer el reino de tu Hijo, dirige los destinos de la Iglesia por los senderos del evangelio; aparta de nuestros continentes la violencia y la guerra, el hambre y la miseria; despierta en nosotros el espíritu de solidaridad, de fraternidad y amor, a fin de que podamos construir un mundo mejor.

Y ahora que terminamos este novenario que celebramos en tu honor, infunde en nuestros corazones el espíritu apostólico que nos haga apóstoles y testigos de la fe; danos un amor a tí para imitarte como misionera llevando la noticia del evangelio a todas partes; que te demos a conocer ahí donde todavía no te conocen; que te sepamos defender cuando los enemigos de tu nombre intenten negar tus apariciones; que te sepamos honrar como mereces para que otros también te inovoquen en sus necesidades; que podamos suprimir la superstición en nuestras devociones marianas y así traigamos a la fe a tantos que se han separado de ella; y que finalmente, Señora y Madre nuestra, tu nombre de Guadalupe, en la oscuridad del pecado, sea nuestra luz; en las dudas, sea nuestra verdad; en las penas, sea bálsamo y salud; en nuestras alegrías, sea gozo. Desde tu santuario del

Tepeyac donde sigues como misionera, ayúdanos a construir el templo de tu Hijo Jesús, para que viviendo de la esperanza prometida por Cristo, un día todos juntos gocemos de la eterna bienaventuranza. Te lo pedimos por Cristo tu Hijo, que vive y reina con el Padre, en la unidad del Espíritu Santo, por los siglos de los siglos. Amén.

7. *Canto final. (opcional)*

5. Meditaciones Bíblicas Guadalupanas

PRIMER TEMA: *Santa María de Guadalupe y las fuentes bíblicas.*

1. *Génesis 3:14-15*

En Santa María de Guadalupe encontramos realizada la profecía del Génesis. En la Escritura se anuncia que la Madre de Cristo, la Virgen María, dominará al demonio simbolizado en la serpiente. Santa María de Guadalupe, significando "la que ahuyenta al que nos come," indica que ella es, y será la destructora del reino del pecado.

2. *Isaías 7:14.*

En Santa María de Guadalupe descubrimos por sus propias palabras que ella es "la siempre Virgen María." (Mensaje de la primera aparición.) Los primeros indígenas convertidos a la fe cristiana llamaban a la santísima Virgen de Guadalupe: "Cihuapulli Tonantzin" que significa, "noble doncella."

3. *Mateo 1:20-21.*

La identificación que hizo ella misma, la Virgen de Guadalupe, fue que era "la Madre de Dios verdadero por quien se vive" (Mensaje de la primera aparición). En esta declaración descubrimos que la Virgen de Guadalupe no es otra que la misma Madre de Cristo. Con razón el pueblo mexicano la aclamaba: "Cihuapulli Teonantzin" que significa: "noble Madre de Dios."

4. *Lucas 1:39-41.*

Aquel hecho de la visita de María a su prima Isabel, tiene interesantes relaciones con la venida de la Virgen de Guadalupe a la nación mexicana:

- Porque también vino a una región montañosa y se apareció en el monte del Tepeyac sobre las rocas.
- Porque saludó cariñosamente a uno de nuestros humildes indígenas, Juan Diego: *"Juanito, el más pequeño de mis hijos, ¿a dónde vas?"* (Mensaje de la primera aparición.)
- Porque al llegar la Madre de Dios a México, no vino sola, sino que trajo con ella a su Hijo bajo una fuerza misionera que produjo rápidamente la conversión del pueblo a la fe católica. Sin ella nuestros indígenas no hubieran dejado sus ídolos, tan respetados, para solicitar el bautismo.

5. *Juan 19:25-27*

Esta maravillosa entrega que hizo Jesús de su Madre al apóstol San Juan y la aceptación de María, nos da pie para descubrir algo semejante en las apariciones del Tepeyac. En efecto, Cristo entrega su Madre, ya no con el dulce nombre de *Madre,* sino mujer. Sin duda lo hizo así para indicar que el título de Madre le correspondía pronunciarlo al discípulo representante de todos los miembros de la Iglesia. En cambio a Juan le dice: "Ahí tienes a tu Madre."

En el Tepeyac la Virgen declara que ella es la Madre bajo cuyo amparo Juan Diego no debía temer nada. *"¿No estoy yo aquí que soy tu Madre? ¿No estás bajo mi sombra?* (Mensaje de la cuarta aparición).

En el calvario Juan pasó a ser el hijo predilecto de María. En el Tepeyac Juan Diego pasó a ser el hijo predilecto de María.

6. *Apocalipsis 12:1-5.*

En el Tepeyac apareció también una gran señal: una mujer vestida del sol, con la luna bajo sus pies, cobijada con estrellas, vencedora de la idolatría. La Virgen María se presentaba en pleno reto con el espíritu de las tinieblas. El dragón, que en el caso de la gran Tenochtitlán, era el dios de la guerra "Huitzilopochtili" y los demás ídolos, siempre representará al demonio que sigue atacando al Niño Cristo, Rey del universo.

7. Entre la Virgen María, bajo el nombre de Guadalupe, y las fuentes bíblicas hay muchas relaciones que nos pueden servir de apoyo para alimentar nuestra fe y confianza en la Guadalupana.

No hay en las narraciones guadalupanas ninguna palabra, símbolo y doctrina que se aparte de la fe católica. Todo lo contrario, hay sintonía, relación lógica y simbolismos semejantes.

Segundo tema: *Valor pedagógico de los símbolos en la imagen de Santa María de Guadalupe.*

Al hablar de los símbolos que ostenta visiblemente la sagrada imagen del Tepeyac, de ninguna manera se pretende afirmar que tienen un valor religioso-evangélico de manera que los cristianos se vean obligados a aceptarlos como tales. Simplemente se quiere decir que ellos forman parte de la pedagogía de la fe.

1. *Apocalipsis 12:1.*

Santa María de Guadalupe así aparece en la pintura vestida del sol toda ella con 129 rayos dando la impresión de que en la misma Señora vive el sol que es Cristo.

Y si recordamos que el sol fue un astro idolizado por

nuestros hermanos indígenas, al verlo ellos en la imagen guadalupana, con más facilidad podrían comprender que el dios-sol auténtico era Cristo que dijo: "Yo soy la luz del mundo."

El valor pedadógico del sol consiste en facilitar la comprensión de que Cristo es la luz del mundo y que apareció en la tierra por medio de María, su madre.

2. *Apocalipsis 12:1; Lucas 1:47.*

La luna tiene un doble simbolismo en la Guadalupana. Por una parte simboliza la humildad de la Sierva del Señor que acepta y obedece a su Creador, y de otra proclama que en ella se cumple la profecía del Génesis. Ella, la mujer, te dominará. Es decir, que María vence al demonio.

Para mejor comprender esto, recordemos que la luna, en nuestros pueblos indígenas, al mismo tiempo que era tenida como diosa, en otros significaba el mal encarnado. Esto último se basaba en los constantes cambios de la luna y en los efectos que producía en los eclipses.

3. *Apocalipsis 12:1; Macabeos 12:25; Apocalipsis 22:16.*

Si bien en la Guadalupana no aparecen en forma de corona, las 46 estrellas adornan su manto. Las estrellas más brillantes del firmamento se han comparado, unas veces con los espíritus celestiales (los ángeles), y otras con los santos más destacados. Cristo dijo que en el cielo seremos como ángeles. Y el mismo Cristo es la estrella brillante de la mañana.

4. El ángel que tiene la Guadalupana bajo sus pies, los historiadores pretenden afirmar que es el arcángel San Gabriel, el mismo que anunció a María el misterio de la encarnación. El simbolismo no parece ser de anunciar algo, sino de proclamar la aparición de María en su

pueblo. El ángel está en una actitud de finalizar un vuelo con rostro alegre. También se puede decir que simboliza el triunfo de María en la historia de salvación.

Para nuestros indígenas el águila, el cóndor, el faizán y otras aves tenían especial valor teocrático.

5. Las nubes que rodean la sagrada imagen, además de simbolizar el "Tlaloc" o dios de la lluvia, indican que la fertilidad espiritual que se origina en la Mujer, será abundante. La Madre de Dios es la fuente de luz y agua como lo indica su mismo nombre: *Guadalupe*, es decir, río de agua.

6. Para nuestros indígenas que estaban acostumbrados al simbolismo de astros, animales y colores, la santísima Virgen quiso incluir en su bella imagen aquellos colores más significativos. Ellos son el rosa, el verde, el azul, el rojo y el amarillo-dorado. Todos estos colores los tiene la sagrada imagen.

Con el rosa se representa adecuadamete su condición de mujer, su delicadeza femenina, su maternidad. Con el verde azul celeste del manto, sin duda alguna se puede representar la vida interior espiritual y al mismo tiempo su apertura y acogida para recibir a todos los que la invoquen. Este simbolismo coincide con sus mismas palabras. En el rojo-encarnado de las alas del ángel bien se puede simbolizar el espíritu del amor divino que sigue aleteando en el universo como nos dice el Génesis 1:2. El amarillo-dorado sin duda significa la fuerza de Cristo, luz del mundo, camino, verdad y vida.

7. El rostro moreno de la santísima Virgen representa la mezcla o mestizaje de los pueblos: el español y mexicano. Este detalle puede servir para interpretar la universalidad de la Iglesia cuyo rostro no será el de una sola raza, sino la unidad de todas. De esta manera

podemos ver en María la Madre de la Iglesia. Santa María de Guadalupe es una imagen simbólica que nos ayuda para comprender su misión como Madre, Abogada y Corredentora.

TERCER TEMA: *Los mensajes de la santísima Virgen de Guadalupe.*

En cada palabra de la Virgen Morena hay un mensaje cuyo sentido revela claramente la misión que ella, como Madre de Cristo, Abogada y Corredentora, ejerce en la Iglesia. Veamos brevemente cada uno de los mensajes más importantes.

1. *"Juanito, el más pequeño de mis hijos, ¿a dónde vas?"*

Con estas palabras tan dulces y sencillas la Virgen María saluda a Juan Diego en las cuatro apariciones.

Lo esencial del mensaje consiste en que María supo seleccionar y elegir a un líder evangélico como lo era sin duda Juan Diego, de corazón sencillo, de humilde condición social, pero capaz de cumplir con una misión apostólica.

También Cristo eligió como apóstoles a los más sencillos de su pueblo. Y el trato que tuvo con ellos no fue menos simple que el que María usó con su confidente de Cuauhtitlán. Jesús trató a sus discípulos con estas palabras: "Hijos míos" (Juan 13:33); "mis amigos" (Juan 15:14). ¿Qué tiene de raro el que María haya saludado a Juan Diego con las palabras de una buena madre?

2. *"Sabe y ten entendido que yo soy la siempre Virgen María, Madre del verdadero Dios por quien está todo: Señor del cielo y de la tierra."*

Con estas declaraciones tan apegadas a la doctrina de la Iglesia, la santísima Virgen María se identifica diciendo cómo se llama, cuáles son sus prerrogativas y que lugar ocupa en relación con el Creador y autor de la vida. Es una identificación profundamente evangélica y al mismo tiempo llena de sinceridad y humildad.

Al declarar María que era "la siempre Virgen y Madre del verdadero Dios" no estaba engañando a Juan Diego, ni mucho menos se estaba agregando títulos que no tenía. Sencillamente declaró lo que era por gracia del Todopoderoso.

El verdadero sentido de este mensaje consiste en que María se identifica precisamente con su misma misión apostólica en lugar de usar una simple identificación familiar en la que suele darse el nombre, apellido, estado civil y ciudadanía humana. Para Juan Diego era muy importante saber quien era esa mujer que le pedía un servicio tan delicado.

3. *"Deseo vivamente que se me erija un templo para en él mostrar y dar todo mi amor, compasión, auxilio y defensa . . . a tí y a todos los moradores de esta tierra . . . que me invoquen y en mí confíen."*

En estas palabras se revela una de las intenciones más profundas de la santísima Virgen María. Ella desea que se le edifique un templo material como lugar donde se pueda ejercer su misión como Abogada, Madre de amparo y Confidente de todas las penalidades humanas, ya sean físicas como espirituales.

Si es verdad lo que afirman algunos historiadores guadalupanos, que en el Tepeyac existía un templo (o Teocalli) dedicado a una "Tonantzin" madre de los dioses, el hecho de que María pidiera un templo, no sería para destronar a la diosa Tonantzin, sino para corregir aquella idolatría femenina, cambiando la fe pagana y establecer el culto al verdadero Dios.

El ministerio de abogacía y amparo que la Madre de Dios prometió ejercer en el templo solicitado, corresponde con la enseñanza del Vaticano II cuando afirma: "Con su amor materno cuida de los hermanos de su Hijo que todavía peregrinan y se hallan en peligros y ansiedades hasta que sean conducidos a la patria bienaventurada. Por este motivo, la santísima Virgen es invocada en la Iglesia con los títulos de Abogada, Auxiliadora, Socorro y Mediadora." (Constitución Dogmática sobre la Iglesia #62)

4. *"Ten entendido que son muchos mis servidores y mensajeros a quienes puedo encargar que lleven mi mensaje. Pero es preciso que tú mismo solicites y ayudes; y que con tu mediación se cumpla mi voluntad."*

De las mismas palabras se desprende lo esencial de este mensaje que es la participación de Juan Diego en el ministerio de la Madre de Dios. Era una encomienda noble, pero implicaba esfuerzos para hablar con el Obispo Zumárraga; el temor de ser rechazado, humillado y tenido por loco y mentiroso como de hecho sucedió. Sin embargo, la Virgen María intencionalmente no quiso enviar a otro servidor suyo, sino precisamente a este hombre sencillo que tenía las notas características de un apóstol: la humildad, apertura a Dios y la sinceridad.

La mediación de Juan Diego cada vez despierta más importancia para quienes defienden los valores culturales de los pueblos indígenas. Cuando un hombre de cuna humilde logra destacar en la vida social, se le reconoce su esfuerzo y hasta se le construye un monumento en su pueblo natal. ¿Acaso no se debería reconocer en Juan Diego un benemérito de la fe católica? ¿Qué importa si fue, o no bautizado? ¿Acaso Cristo eligió sólo a hombres bautizados por Juan Bautista, o bien practicantes de la fe judía? Y, si, además reconocemos que nuestras razas indígenas eran pueblos nobles y profundamente religiosos y sacerdotales con mayor razón Juan Diego fue un verdadero y digno mediador de la Madre de Cristo.

5. *"Sábete, hijo mío, que yo te pagaré tu cuidado y el trabajo y cansancio que por mí has impendido".*

Para todo católico bien instruído la "promesa" en la fe es un elemento esencial con tal que no se reduzca a compensaciones meramente materiales. En el Antiguo Testamento siempre se habla de "las promesas" que se hicieron a Abraham, Isaac, Jacob y Moisés las cuales serían definitivamente realizadas en el futuro Salvador. En el Nuevo Testamento Cristo mismo apoya aquellas promesas y él continúa prometiendo la bienaventuranza del Reino. Por tanto, si María no especifica la recompensa que dará a su confidente, se ha de entender que se trata de una paga evangélica y no de un salario monetario. Negarle al mensaje cristiano la promesa es lo mismo que suprimir la esperanza.

6. *"No se turbe tu corazón, no temas esa enfermedad ni otra alguna enfermedad y angustia. ¿No estoy yo aquí que soy tu madre? ¿No estás bajo mi sombra?"*

En todas estas palabras de aliento la Virgen María quería calmar a Juan Diego que estaba preocupado por la mortal enfermedad de su tío Bernardino.

Este modo de crear confianza y superar cualquier preocupación temporal es semejante a las palabras de Cristo cuando les dice a sus discípulos: "Les dejo mi paz, les doy mi paz" (Juan 14:27); "No los dejaré huérfanos sino que yo vengo a ustedes" (Juan 14:18); "Que no haya en ustedes ni angustia ni miedo" (Juan 14:27); "Sean valientes yo he vencido al mundo" (Juan 16:33); y "No anden preocupados por su vida, ¿qué vamos a comer?, ni por su cuerpo, ¿qué ropa nos pondremos?" (Mateo 6:25).

Y del mismo modo que Cristo ofrecía confianza pagando con favores la fe del pueblo, también la Virgen María sanó al tío Bernardino, librándolo de aquella grave enfermedad. La enfermedad era un tifo mortal que los indígenas llamaron "fuego de entrañas" y del cual nadie sanaba.

CUARTO TEMA: *La fe, esperanza y humildad de la Virgen María.*

Ya que la verdadera devoción a la Madre de Dios se debe basar en "la imitación de sus virtudes" y no en un sentimentalismo estéril ni en una vana credulidad (Constitución Dogmática sobre la Iglesia #67), es necesario reflexionar ahora en la fe, esperanza, amor y humildad de María a fin de centrar nuestra admiración filial en la Guadalupana.

1. *La fe de María: Lucas 1:45; Lucas 1:38.*

La respuesta que dio María por fe a todo lo que Dios le pidió, no fue una respuesta superficial, sino total, profunda, comprometedora, llena de riesgos, penas y sacrificios. Por esta razón es justo reconocer en María el mejor modelo de la fe cristiana como lo hizo Abraham, Jacob, Moisés, David, Juan el Bautista, los apóstoles y santos de la Iglesia. La Madre de Cristo practicó una fe, no sólo empeñando su palabra, su "Sí, acepto" ser la Madre del Mesías, sino también una fe basada en las obras.

En cualquiera de sus apariciones y devociones, la Madre de Cristo será siempre modelo importantísimo de fe. Es decir, que ella sigue fiel a su misión de Abogada, Medianera y Corredentora hasta el fin de los tiempos.

2. *La esperanza de María: Hebreos 11:1; Lucas 1:55-56; Lucas 2:33-40.*

La Madre de Dios es un modelo de mujer de esperanza. Y no ciertamente de una esperanza insegura, titubeante, sino de aquella esperanza que, unida a la fe, es capaz de orientar toda una vida hacia la realización de lo prometido.

Ya en el canto del "Magnificat" la Madre de Cristo despliega su esperanza al afirmar que todas las generaciones la llamarán bienaventurada y que el Señor estaba cumpliendo lo que había prometido a Abraham y a sus descendientes. De una parte, ella reconoce "el hoy" de la esperanza al decir que el Todopoderoso había hecho en ella grandes cosas; y de otra "el mañana" de la esperanza en cuanto necesitó esperar el nacimiento de su Hijo con ternura maternal. Esperar su crecimiento, meditando en su corazón lo que se decía de él; la resurrección, soportando el dolor y la soledad; la implantación de su Reino, orando con los apóstoles en el cenáculo hasta la venida del Espíritu Santo.

María, pues, practicó, una esperanza no basada en palabras bonitas, sino en las realidades prolongadas y dolorosas que estaban ya anunciadas por los profetas. La Madre de Cristo aparece en la Escritura como una mujer consciente de su misión apostólica y no como una madre desesperada.

3. *El amor de María: Lucas 1:38-39; 2:4-7,12,19,35; Mateo 2:13; Juan 2:1-5; 19-25; Hechos 1:14.*

En las páginas de la Escritura se descubre el amor que María practicó con esmerada dedicación:
- Un amor filial que le permitió decir con toda su alma: "Hágase en mí según su palabra."
- Un amor de caridad al levantarse presurosa para ir hasta la región montañosa y ponerse al servicio de su prima Isabel.
- Un amor de esposa al viajar con su esposo, José, hasta Belén a pesar de su embarazo.
- Un amor maternal al cuidar de su Hijo recién nacido en la cueva de Belén.
- Un amor contemplativo al meditar en todo lo que se decía de su Hijo sin dar muestras de arrepentimiento ni protestar por lo que había hecho.
- Un amor de generosidad al aceptar las penas que se profetizaban de ella.
- Un amor de maternidad responsable al dejar su casa y país para ir a Egipto y así librar al Niño de la muerte.
- Un amor de servicio social al intervenir en favor de los esposos en las bodas de Caná.
- Un amor evangélico pastoral al aceptar ser la Madre de la Iglesia estando al pie de la cruz de su Hijo.
- Un amor universal misionero al acompañar a los apóstoles en la oración cuando esperaban la venida del Espíritu Santo.
- Un amor histórico secular al manifestar, en apariciones y otras devociones, su fidelidad a la Iglesia de su Hijo.

4. *La humildad de María: Lucas 1:48; 1:27; Filipenses 2:6-8; Juan 13:4-14; Mateo 25:25.*

"La humilde esclava del Señor," la doncella de

Nazaret, la Virgen María, aunque tenía de sí misma una idea acentuada de la esclavitud social, al mismo tiempo supo comprender que, someterse a la voluntad de su Dios, no era perder su libertad ni su dignidad, sino hallar su plena realización humana. En realidad María nunca fue vendida como esclava, sino que vivía con sus padres (Joaquín y Ana) en Nazaret. Y si ella quiso usar una expresión verbal semejante que pudiera significar una condición social degradante, lo que ella quiso manifestar fue su adhesión, prontitud, sencillez y obediencia a lo que el Señor le pidiera. Servirle a Dios, nunca será una esclavitud, sino un honor, del mismo modo que no fue degradante para su Hijo Cristo encarnarse siendo Dios y lavar los pies a sus discípulos siendo el Maestro.

Es muy importante para nuestra fe mariana entender la verdadera humildad como la ejerció la Madre de Cristo. Una humildad sin arrogancia ni orgullo, sin pretenciones de poder ni búsqueda de honores, sin falsas excusas que suelen "enterrar los talentos", ni con miedo que impida el desarrollo de la personalidad. Sino una humildad que signifique reconocer lo que es Dios y lo que somos nosotros frente a él, sin poner ni quitar nada de lo que tenemos por gracia, y lo que podemos realizar con el poder del Espíritu. Así fue como María practicó la humildad y por eso es también modelo provechoso para todos los miembros de la Iglesia.

En Santa María de Guadalupe debemos descubrir e imitar las mismas virtudes de fe, esperanza, amor y humildad que fueron las fuentes de su misma perfección. En estas virtudes descansa y se edifica la verdadera devoción a la Emperatriz de las Américas. Quien quiera sentirse verdadero hijo de la Madre de Cristo, no lo podrá ser mediante una devoción basada en una admiración superficial de las apariciones, sino, y únicamente, siendo un cristiano de fe profunda, esperanza probada, de amor generoso y de humildad absoluta como lo fue la santísima Virgen María.

QUINTO TEMA: *Santa María de Guadalupe, inspiradora de liberación evangélica.*

Actualmente la mujer ha logrado ya un alto nivel de concientización acerca de su dignidad humana. Y como en este esfuerzo va incluído el proceso de liberación social, es lógico que no le agrade mucho imitar aquellas figuras femeninas que la Iglesia ha canonizado, sino más bien buscar una realización personal irrepetible. La mujer quiere ser creadora de su propia personalidad. Por esta razón difícilmente la Virgen María puede representar un modelo universal de la mujer liberada. Sin embargo, ella puede ser una fuente de inspiración social y evangélica.

Para acercarnos de inmediato a lo más importante de este tema, conviene tomar en cuenta el significado de los conceptos de "concientización" y "liberación." ¿Qué significan?

Concientización: equivale a darse uno cuenta de lo que es como persona humana; enterarse perfectamente de sus derechos y deberes; conocer su misión en la vida, su destino, y analizar el ambiente social con el propósito de asumir dentro de él la propia responsabilidad.

Liberación: significa el proceso recuperativo de la libertad humana ante las presiones externas que la ignoran o desprecian; ante las estructuras sociales que esclavizan al hombre; y ante las fuerzas sicológicas interiores que la oprimen. En el campo moral la liberación quiere decir, obtener la libertad espiritual superando la peor de las esclavitudes que es el pecado.

¿De qué manera la Virgen de Guadalupe podría ser fuente de inspiración para estimular una concientización que diera como fruto la verdadera liberación evangélica?

1. *Romanos 8:15; Lucas 1:28; Mateo 5:48.*

Si queremos recuperar la libertad espiritual como hijos de Dios adoptados por su gracia, sin duda alguna la Madre de Cristo es el único ejemplo de la mujer plenamente liberada del pecado. En ella jamás tuvo dominio el demonio ni el pecado, incluso el de origen. Esta prerrogativa es de fe católica. Siendo pues, María, la mujer victoriosa por excelencia, la que vivió la plenitud de la liberación espritual, ella puede inspirar y estimular cualquier esfuerzo de perfección relacionado con el consejo de Cristo de ser perfectos como su Padre es perfecto.

2. *Lucas 1:27; Mateo 2:13; 22-23; Lucas 1:40; Marcos 6:1-3.*

Como madre y esposa, la Virgen María es fuente de inspiración para cualquier tipo de familia. En el Tepeyac se presentó como la Madre del verdadero Dios por quien existe todo. Las apariciones se las hizo a un hombre casado y se interesó por la salud del tío Bernardino. Todos estos detalles son importantes si queremos descubrir en la Madre de Cristo un verdadero testimonio de la mujer casada.

Nadie cuestiona el matrimonio de la Virgen María con su prometido José de la familia de David. La historia evangélica habla de esta familia que vivió en el destierro y que al regreso se instaló en Nazaret. Jesús, José y María formaron esta familia que tenía parientes, familiares y amigos.

3. *Salmo 147:20.*

En las apariciones del Tepeyac la Virgen María despliega todo el valor de una liberación cultural.

En lugar de presentarse extraña, adopta un nombre indígena, el de "Cuatlalope", que era más comprensible para Juan Bernardino. A Juan Diego le hablaba en el idioma mexicano. Se quedó pintada con el color moreno propio de un mestizaje. Se manifesta interesada por el pueblo mexicano. Quiere quedarse en calidad de Madre y Abogada para atender los problemas de las Américas. Desea instalarse en un templo para cumplir su misión evangelizadora y ser la amiga confidente de todos los que la invoquen.

En todas sus palabras y actitudes, Santa María de Guadalupe derrumba las fronteras raciales y estimula para que la mujer sepa realizarse de acuerdo con sus propios valores culturales. ¿Acaso no significa una actitud positiva para inspirar la liberación social de la mujer?

También es un estímulo para las familias emigradas que necesitan defender su cultura en el extranjero; respetar los valores culturales del país donde viven; ser bilingües; interesarse por la nación que los acoge y, sobre todo, llevar consigo y difundir la verdadera devoción a la Madre de Dios, cualquiera que sea su advocación particular. Para los mexicanos será la "Virgen de Guadalupe," mientras que para otros puede ser la "Virgen de Fátima, el Rosario, el Carmen," etc.

Que el pueblo mexicano, en su nación y en el extranjero, medite bien este mensaje: la Madre de Dios, *"no ha hecho cosa semejante con ningún otro pueblo."* Pero dicho pueblo tiene la encomienda de llevar a cabo los proyectos de la Virgen de Guadalupe, principalmente en lo que se refiere a la liberación social de la mujer.

    4. *Mensaje del Concilio Vaticano II a las mujeres #4, 5, 9, 10 y 11.*

Se trata de una liberación no reducida a lo político, sino a todos los aspectos humanos, morales, sociales, familiares y económicos donde la mujer todavía es considerada como un ser de menos dignidad que el hombre; donde aún se le niegan sus derechos, su libertad y se le esclaviza de cualquier manera.

En esta lucha liberadora no es el hombre quien debe decirle a la mujer todo lo que ella debe hacer, sino que la mujer misma es quien principalmente necesita despertar, concientizarse de su dignidad cristiana y lanzarse a conseguir su propia liberación. Pero ésta no será auténtica si se quiere obtener por la violencia, imitando los roles sociales del hombre, sino interpretando su misión femenina en toda su amplitud evangélica.

SEXTO TEMA: *La Virgen María, educadora de la fe en la familia.*

1. Uno de los problemas pastorales más necesitados de líderes evangélicos, es el que se refiere a la familia cristiana. Hoy en día la célula familiar se ve seriamente afectada por la peste del divorcio legal y espiritual; por la falta de entendimiento entre padres e hijos; por las crisis económicas y presiones sociales de emigración; por la desorientación en cuanto al control de la natalidad y la falta de una educación emancipadora.

Todo esto repercute en la fe y cuestiona el porvenir de la familia y la Iglesia.

La Madre de Cristo puede servir de apoyo espiritual para frenar y superar todos estos males que destruyen la familia.

2. El Vaticano II nos enseña que "la Madre del Redentor fue compañera generosa y humilde esclava del Señor: concibiendo a Cristo, engendrándolo, alimentándolo, presentándolo al Padre en el templo, padeciendo con su Hijo cuando moría en la cruz... y cooperando así en la restauración de la vida sobrenatural de las almas." (Constitución Dogmática sobre la Iglesia #61)

Todos estos ministerios de la Virgen María los inició y ejerció en su propia familia. Y por eso mismo ella significa y es un testimonio de madre educadora de la fe cristiana.

3. Toda madre sabe cuan grande y decisiva es la influencia que ejerce para con sus hijos desde que son concebidos hasta la adolescencia. De la madre aprende el niño el cariño, el amor, la espontaneidad. De ella recibe el alimento, las atenciones de limpieza, y también las primeras normas básicas de la conducta, las oraciones de la fe y a decirle a Dios: "Padre nuestro...." La madre, cumpliendo su deber materno, graba en el corazón de sus hijos el patrón básico de la personalidad. Si la grabación fue buena, los hijos podrán desarrollarse con normalidad positiva; pero si fue defectuosa, el desarrollo de la personalidad puede ser negativa. Todo adulto en su manera de ser y actuar casi siempre proyecta estas grabaciones parentales obtenidas en la infancia. Y con mayor acento, las grabaciones de la madre.

Las afirmaciones anteriores que han sido ampliamente analizadas por la sicología moderna, tienen su importancia en la pastoral de la familia. Por eso los padres de familia en el ejercicio de su deber como educadores de sus hijos, las deben conocer y practicar. En ellas mismas está la grabación religiosa con todos los detalles que se oyeron y practicaron en el hogar. Si la Madre de Cristo aparece en la familia como un símbolo decorativo, o como una devoción sentimental, pero carente de testimonio en los padres, los hijos al crecer no le darán ninguna importancia. Al contrario, les parecerá ridículo tenerla en su casa. ¿para qué sirve un cuadro de la Virgen?

4. *Ministerios que la Madre de Cristo cumplió con generosidad.*

• *La concepción de Cristo – Lucas 1:38.*

La actitud libre y consciente de María implica una enseñanza para toda mujer que decide engendrar un hijo. Si no ha de dar un consentimiento libre y responsable al embarazo, hay una falla tremenda en la futura madre porque desde el comienzo el hijo sentirá que su madre no lo deseó ni lo amó con toda su alma. ¿Cuántos hijos habrá en el mundo que no fueron aceptados? María, pues, les da a los padres de familia una exquisita lección de maternidad responsable.

• *La gestación de Cristo en el seno de María – Lucas 1:39; 2:4-7; Mateo 1:19-21.*

Como lo suele hacer toda mujer embarazada, con frecuencia le hablaría a su Hijo, lo acariciaría y tendría con él momentos de profundo agradecimiento. Pero sobre todo, pudo darse cuenta del misterio de la vida humana poniendo los cuidados necesarios para evitar un aborto o cualquier otro efecto negativo en la gestación.

Los padres de familia necesitan aprender de María la paternidad responsable, principalmente cuando el egoísmo los impulsa a cometer el crimen del aborto intencionalmente aceptado. Ella puede inspirar a las madres embarazadas un respeto por la vida inocente; les puede despertar el verdadero cuidado emocional que deben poner para que sus hijos nazcan sin taras sicológicas. Todo esto María lo dará si se le invoca con fe y humildad. Ella es madre educadora por excelencia.

• *María y el nacimiento de Jesús – Lucas 2:6-7; 18-19.*

Esa actitud de María, de observar todo y meditarlo en su corazón, nos da una idea de lo que puede enseñar a la madre al dar a luz. Y ciertamente no es nada más el gozo y los cuidados maternales, sino principalmente, la observación y meditación. Mucho tiene que aprender la madre de familia de esa Madre de Cristo. Observar al hijo constantemente para descubrir el valor de su maternidad; meditar bien lo que le va a decir y enseñar para que la grabación que se va a producir en el niño sea favorable.

• *José y María en la adolescencia de Jesús – Lucas 2:41-52.*

En este pasaje tan conocido quedan aclarados los puntos básicos, tanto de la educación familiar como de la emancipación de los hijos. Por una parte, José y María continúan dando el ejemplo de sus deberes religiosos, y de otra, Jesús les advierte que la fe ocupa el primer lugar en la familia. Ahora Jesús asume la propia responsabilidad y decide ocuparse de las cosas de su Padre celestial, pero al mismo tiempo baja con ellos a Nazaret para continuar su vida familiar hasta la edad adulta.

La Madre de Jesús, como educadora de la fe cristiana en la familia, cada vez que se le invoque en los hogares, sin duda alguna revelará todos los secretos de la educación evangélica.

Que María nunca sea un simple símbolo religioso en la iglesia doméstica, sino la Madre espiritual que sirva de ejemplo para todos los padres de familia. Al cumplir ellos bien con su paternidad responsable, de los esposos hará una "comunidad de vida y amor," de los padres de familia, verdaderos "sacerdotes bautismales," y de la familia una "Iglesia doméstica" y "santuario doméstico de la Iglesia."

SÉPTIMO TEMA: *La Virgen María tipo y madre de la Iglesia.*

1. *Constitución Dogmática sobre la Iglesia #63, Vaticano II.*

Nuestra devoción a la Madre de Dios podría ser incompleta, superficial y mal orientada, si no se tomaran en cuenta las relaciones íntimas que ella tiene con toda la Iglesia universal y cada una de las comunidades cristianas pues, del mismo modo que el segundo Adán, Cristo, es la fuente de la gracia y salvación, así mismo la segunda Eva, María, coopera en la obra de su Hijo en forma eminente. La acción de María no se reduce al momento de la encarnación y la educación familiar de su Hijo, sino que se extiende y prolonga hasta el fin de la historia de salvación.

2. La Virgen María es tipo de la Iglesia en cuanto ésta imita la santidad, la fe, la caridad, la esperanza, la humildad y fidelidad de María. Y al responder la Iglesia

con un *sí* definitivo y absoluto al mensaje de salvación de su propia cabeza que es Cristo, hace realidad prolonada el *sí* de María. También se hace fecunda y da a luz, por la gracia, a los millones de fieles que la integran.

En cierta manera, la Virgen María se hace Madre-Iglesia, como Cristo su Hijo se ha convertido en Comunidad-Cuerpo Místico. Para comprender mejor esta comparación, serviría de ejemplo el modelo de la familia. Todos los hijos de una misma pareja son fruto de la fusión de dos amores, pero además en los hijos se perpetúa la vida biológica de los padres. Este ejemplo considerado en el orden de la vida divina nos lleva a comprender el por qué María es Madre de la Iglesia, como Cristo su fuente de amor por el Espíritu.

3. *Mateo 12:47-50.*

Sin duda alguna, este pasaje del evangelio es el que más ayuda para completar nuestra reflexión mariana. Posiblemente Cristo dijo tales declaraciones de cara al pueblo y estando presente la Virgen María para que todos tomaran nota de la enseñanza. La familia de Jesús ya no sería únicamente la que le correspondía por la sangre y el parentesco, sino la familia eclesial, o sea, la Iglesia. Pero si Cristo apreciaba como madre a cualquier cristiano, ¿cómo es que María pasaba a ser la Madre de la Iglesia? La respuesta es muy sencilla: porque además de ser ella la madre natural de Jesús, era también la mejor cristiana y por lo mismo la reconocía como madre. En este sentido también le podrá llamar su hermana. Pero al entregar Cristo a "la mujer" como "madre" del apóstol San Juan, en ese momento promulgó desde la cruz la maternidad eclesial de la santísima Virgen.

4. *Hechos 1:14; Juan 19:27; Hechos 2:1-4; Constitución Dogmática sobre la Iglesia #63 y 65, Vaticano II.*

La participación de María en el retiro espiritual que hicieron los apóstoles para esperar la venida del Espíritu Santo, el haberse ido a vivir con el apóstol San Juan, y al recibir los nuevos dones en el milagro de Pentecostés, sin apartarse de la fe, todos los cristianos pueden creer que María, basados en tales hechos, fue constituída "Reina de los Apóstoles" (Letanía mariana), "Madre de la Iglesia" y especial protectora de quienes han de cooperar en la regeneración de los hombres.

Y si Cristo, cabeza de la Iglesia, quiso asociar a María como su principal colaboradora, también lo deben hacer el papa, los obispos, los sacerdotes y demás miembros apostólicos de la comunidad. Tener a María por "Madre de la Iglesia" no consiste en darle un título meramente honorífico por una intención especial, sino reconocer su papel de verdadera Corredentora.

El símbolo femenino en las comunidades cristianas, más que un simbolismo sicológico, en la Madre de Cristo es auténtica fuente extraordinaria de santidad y gracia. Más que un elemento decorativo en el culto, es una verdadera celebración de alabanza al Todopoderoso. María es "el Magnificat" perenne, la intercesora perpetua, la orante poderosa que obtiene del Padre incontables favores para sus hijos.

5. Al declarar la Iglesia que la Virgen María es "Madre de la Iglesia", en cierta forma aprueba y da más valor a las declaracionnes verbales que la Virgen de Guadalupe hizo a Juan Diego.

Quiere decir que lo que el Vaticano II afirmó

oficialmente el 21 de noviembre de 1964, 433 años antes lo había dicho la misma Madre de Dios. Y aún suponiendo que fuera un teólogo, o cualquier otra persona quien hubiera elaborado las declaraciones del Tepeyac, en lugar de desmentir la maternidad eclesial de María, aportaría otro argumento en favor. Si tal cosa hubiera sucedido, significaría que un miembro de la comunidad cristiana interpretó con exactitud la común creencia de toda la Iglesia ya que a la Virgen María siempre se le ha invocado como madre espiritual.

Al terminar estas reflexiones tan importantes sobre la maternidad evangélica y espiritual de la santísima Virgen, debemos ver en ella un renovado signo de esperanza que con su luz puede orientar mejor a la Iglesia peregrinante hasta conducirla a su pleno desarrollo, limpia, sin arrugas, como la Esposa que le dice a su Esposo Cristo: "Ven."

En el triunfo de María esperaremos el triunfo de la Iglesia. Y mientras esto sucede, en estas meditaciones le diremos con todo el corazón: "Tú eres la gloria de Jerusalén, el orgullo de Israel y el honor más grande de nuestra raza." (Judit 15:9)

OCTAVO TEMA: *Importancia de las devociones de la Virgen María en la pastoral de la Iglesia.*

1. *Colosenses 1:15–16; Constitución Dogmática sobre la Iglesia #66.*

En estas palabras tan explícitas del magisterio de la Iglesia se manifiesta con exactitud la relación que hay entre el culto especial que se le debe dar a la Virgen María y el culto de latría debido a su Hijo Cristo. Del mismo modo se expresa el fruto espiritual que se pretende obtener que es una vida cristiana basada en el cumplimiento de la ley evangélica.

Y al tomar muy en cuenta estos propósitos de la Iglesia, las devociones diversas a la Madre de Dios, en lugar de causar divisiones entre los fieles, deberían servir de estímulo para la unidad. ¿Cómo lograr esta unidad? Descubriendo con claridad el por qué de cada una de las devociones; su historia auténtica, las circunstancias culturales donde comenzaron y se desarrollaron.

2. *Exodo 20:4; Deuteronomio 5:8.*

Cuando los enemigos del culto a la Madre de Dios se apoyan en los textos de la Biblia que prohiben claramente la idolatría, hacer imágenes, estatuas fundidas o talladas, al observar las devociones marianas; al ver tantas imágenes milagrosas, santuarios marianos sobrecargados de leyendas; al leer libritos devocionales que narran milagros de todas clases; y al descubrir cierto fanatismo entre sacerdotes y fieles que apoyan alguna devoción concreta como si fuera la mejor de todas, los responsables de la pastoral mariana no deben permanecer callados.

Hoy, más que nunca, se necesita que el pueblo conozca la verdadera devoción a la Virgen María. No es suficiente decir que a María no se le adora sino que se le venera. Ni afirmar que el culto mariano produce un mejoramiento en la vida cristiana. Hace falta, además, insistir en las relaciones que hay entre Cristo y María y viceversa; entre el culto y la vida, entre la fe y las obras, entre el amor a Dios y al prójimo. Y todo esto se podrá lograr, si toda la acción pastoral de la Iglesia se somete a una profunda revisión.

Al declarar la Iglesia que la Virgen de Guadalupe es Patrona de las Américas, no significa que el pueblo cubano deba perder su devoción a nuestra Señora de la Caridad del Cobre; Puerto Rico a nuestra S. de la Providencia; la República Dominicana a la de Altagracia; Costa Rica a la de Los Angeles; El Salvador a la de La Paz; o que deben menguar las devociones a la Inmaculada Concepción, el Carmen, el Rosario, Fátima, etc. Todo lo contrario, deben aumentar y consolidarse en el marco de dicho Patronato formando una letanía laudatoria de títulos marianos, pero conservando cada uno su peculiar valor cultural. Al fin y al cabo, lo que importa es que la Madre de Cristo sea honrada e invocada en la Iglesia católica.

3. Para llevar a feliz término esta actividad pastoral mariana, sacerdotes y religiosos, seglares y pueblos que tienen especial aprecio a la Virgen María deben promover y difundir un culto mariano que implique siempre el estudio, la reflexión y el conocimiento cada vez más profundo de la Sagrada Escritura.

La Virgen María, quien visitó a su prima Isabel llevando en su seno la Palabra de Dios hecha carne, actualmente también debe visitar los corazones y los hogares por medio de la Sagrada Escritura. ¿Por qué? Porque la devoción a la Virgen desprovista del mensaje bíblico tiende a convertirse en sentimental. Y la reflexión bíblica sin relación mariana tiende a convertirse en sectas y divisiones como ha sucedido entre las iglesias separadas de la fe desde la reforma de Lutero. Para verificar este doble efecto negativo bastaría analizar con amplitud las devociones marianas de Latinoamérica que están sobrecargadas de sentimentalismo e ignorancia de la Sagrada Escritura; y la desorientación ideológica que ha causado la reforma protestante en los Estados Unidos que, a pesar del aprecio por la Biblia, no aceptan la función de María en la historia de salvación tal como lo enseña la Iglesia católica.

4. Queda mucho por renovar el culto de la Virgen María al conocer la doctrina del Vaticano II, las cartas pastorales de los episcopados nacionales que hablan de la Virgen, las orientaciones de cada pastor en su diócesis y la predicación viva que se realiza en los santuarios marianos. Tal parece que el problema de la renovación no reside en una carencia de doctrina, sino principalmente en el ejercicio del mismo culto porque, en lugar de hacer énfasis en la conversión y mejoramiento moral, predomina el deseo de alcanzar milagros, favores materiales, la salud física y éxito en la vida.

Hay que tomar muy en cuenta que el pueblo siempre ha sido más sensible a las necesidades humanas que espirituales. De tal manera que si no se orientan bien estos sentimientos, ellos mismos pueden impedir la edificación del Reino de Dios. Naturalmente que no se debe devaluar el sentimiento humano, ni menos el que los fieles pidan favores por mediación de la Virgen María, pero hay que acostumbrarse también a solicitar de manera humilde y constante, el perdón de los pecados, la conversión a Cristo, el cumplimiento de la ley moral y la salvación definitiva. Así como la Madre de Cristo suele dar tantos favores materiales, con mayor razón obtendrá de su Hijo los espirituales.

La devoción a María, siendo un recurso de intercesión, como la fe en Cristo también lo es ante el Padre, ella y él, unidos en la misma misión redentora, constituyen juntos el eje sacramental de todo el culto católico. Por la acción constante del Espíritu Santo la Iglesia misma se renueva día a día descubriendo así el verdadero rostro de Cristo y al mismo tiempo la auténtica personalidad de su Madre.

NOVENO TEMA: *Santa María de Guadalupe, misionera del pueblo indoamericano.*

Al finalizar estas meditaciones marianas, nuestros sentimientos de amor filial hacia la Morena del Tepeyac se deben centrar en un acto de agradecimiento por el don de la fe que hemos recibido. La santísima Virgen de Guadalupe, como misionera de las Américas, sin duda alguna ha tomado parte en nuestra regeneración bautismal, conversión a la gracia y crecimiento espiritual. ¿Por qué no agradecerle su intercesión misionera? ¿Por qué no pedirle también que siga misionando en nuestro pueblo para que crezca y dé frutos la semilla del evangelio? Que nuestra plegaria de agradecimiento y petición sea hoy más confiada y humilde. Santa María de Guadalupe es la gran misionera de los pueblos indoamericanos. ¡Gracias, Madre, por todo lo que que has hecho por nosotros!

1. *Constitución Dogmática sobre la Iglesia #65.*

Como un eco de nuestro amor, queremos prolongar el espíritu de estas meditaciones llevando en la mente y el corazón la imagen de esa mujer que desde sus apariciones en el Tepeyac ayudó milagrosamente a los misioneros para convertir a la fe a nuestros antepasados. Por eso, nuestra última meditación quiere ser una respuesta profundamente apostólica. Y la haremos sobre el espíritu misionero de la santísima Virgen María.

Cuando la Iglesia pone a la Virgen María como ejemplo de misionera, no es sólo para que los fieles se enteren de su entrega apostólica, sino principalmente para que intenten imitarla. De ahí que la mejor manera de dar término a estas meditaciones sea tomar nota de lo que ella nos pide a todos los miembros de esta comunidad: el cumplimiento de nuestros deberes cristianos y más generosidad para dar a conocer a Cristo en la familia y los ambientes donde cada uno vive. Llenarnos de aquel espíritu misionero que Juan Diego y los misioneros desplegaron en México al saber que "el milagro de las rosas" no era un hecho pasajero, sino el comienzo de una actividad apostólica. Hoy también, como entonces, la aurora del Tepeyac ha de ser renovadora del drama redentor del calvario; renovadora del milagro evangelizador de Pentecostés.

2. *1 Pedro 2:9.*

La Virgen de Guadalupe está presente, no tanto en su imagen, cuanto en el corazón de la comunidad que la reconoce como Madre, Abogada, Intercesora y Misionera. ¿Quién trajo esta imagen hasta aquí? Posiblemente un misionero, una familia cristiana. . . . Pero ustedes que año por año le organizan una fiesta tan llena de patriotismo y lealtad a la fe de sus padres, al mismo tiempo se han convertido en misioneros de Cristo y de la Guadalupana. Por su espíritu apostólico se hacen heraldos de la Morena del Tepeyac. Ustedes son en realidad un pueblo elegido, una raza sacerdotal que edifica el Reino de Dios que es un reino de verdad y vida, de gracia y amor, de justicia y de paz.

3. El decir que ustedes son verdaderos misioneros guadalupanos, no es una mera sugestión agradable, sino el cumplimiento de lo que siempre ha sido una

verdad en la historia de la evangelización: los pueblos llegan al conocimiento de la fe, no por medio de los sabios según el mundo, sino por medio de la gente sencilla. Es decir, de quienes son humildes como María, y están dispuestos a colaborar en el apostolado de la Iglesia. ¿Qué son ustedes en medio de este país? ¿Qué importancia económica o política representan frente a los poderosos y millonarios? Y, sin embargo, a pesar de su reducida capacidad temporal, como el grupo de los apóstoles, también ustedes son instrumentos del poder de Dios. Al llevar en alto el estandarte de la Guadalupana, su lucha por la justicia y libertad no puede ser una revolución utópica, absurda e idealista, sino una acción evangélica que el mundo moderno necesita. ¡Háganla con fe y perseverancia!

4. *Efesios 6:12; 2 Corintios 11:14; Apocalipsis 12:1.*

Al verificar que el mundo actual está llegando a la desesperación, al suicidio masivo (como en el caso de la Guayana), al satanismo y otras formas de religiosidad absurda, hay que pensar que ha llegado el momento de iniciar una actividad misionera sin precedentes. Hoy en día no se trata de quemar ídolos que reciben culto en los altares de un templo, sino de destronar al mismo demonio que se ha encarnado en grupos humanos. Nos encontramos ya en aquella realidad histórica anunciada por San Pablo. Pero, ¿quién podrá vencer estos enemigos? Seguramente Cristo y su Madre quien fue vencedora de la serpiente apocalíptica. La mujer que apareció en el cielo y en el Tepeyac vestida del sol, coronada de estrellas y la luna bajo sus pies.

El campo misionero que nos aguarda, ciertamente no es el de un paganismo que ignora el nombre de

Jesús, sino el de un imperio satánico que intenta perder a la humanidad. Por eso, hoy más que nunca, la Guadalupana será la mejor misionera de nuestro pueblo, de nuestra nación y de los pueblos indoamericanos. Con ella la lucha sería siempre victoriosa.

5. *Mateo 13:24; 21:19; 13:23.*
En el seno de la misma Iglesia también han brotado malas hierbas e higueras que no dan fruto. Muchas comunidades que antes se distinguían por su heroísmo y fervor para defender la fe católica, actualmente parecen estar cansadas, aburridas y carentes de combatividad apostólica. Con dificultad cumplen con los deberes mínimos del culto dominical mientras gastan el tiempo libre en diversiones de toda clase. Y mientras llegan hasta los hogares los misioneros no católicos conquistando a miles de personas, los hijos de la Iglesia permanecen en su letargo.

Este fenómeno creciente nos debe despertar un nuevo interés por las cosas del Reino de Cristo. Nos debe sacudir la pereza espiritual para lanzarnos al cultivo de la semilla evangélica para que dé su fruto al cien por ciento. Nuestra devoción a la Virgen María ya no puede ni debe agotarse en la celebración de una fiesta transitoria, con cantos y danzas folkloricas. Hacer sólo esto es como abonar el terreno para que sigan creciendo las higueras frondosas pero sin frutos. Lo que nos pide la Guadalupana es salir a los hogares del vecino para llevarles la buena noticia de la salvación. No iremos solos, ella misma irá con nosotros animando nuestros esfuerzos como misionera incansable.

6. *1 Corintios 12:4-11.*
Esta actividad misionera no consiste en multiplicar las devociones marianas ni en construir nuevos santuarios dedicados a la Virgen. Lo que más interesa es multiplicar los misioneros sacerdotes, religiosas y seglares que sean menos burgueses y más apóstoles; menos burócratas y más comprometidos con el pueblo; menos estructurados y más sencillos; menos profesionales y más aventureros; menos instalados y más peregrinos. Esta clase de misioneros son los que necesita la Iglesia del futuro. En ellos la variedad de dones y ministerios que el Espíritu Santo derrama sobre las comunidades cristianas, serán sus propias armas de combate.

7. La Iglesia peregrinante no pretende lograr un futuro temporal que se distinga por una saturación de riquezas, sin por un florecimiento de las bienaventuranzas, la liberación, la justicia y el amor fraterno. Al pronunciarnos como heraldos de un mundo rehaciendo el mundo del espíritu según el corazón de Dios, intentamos esbozar en la tierra aquel reino de amor que se nos ha prometido. Y sin evadir los compromisos temporales, a través de ellos, precisamente por medio de ellos, anhelamos tener la experiencia de una alianza con Cristo y María. En la misión universal de la Iglesia ellos nos ofrecen un trabajo que es parte esencial de nuestra fe. El hacerlo no signfica un regalo o favor que les hacemos, sino que es la realización de nuestra respuesta personal a la fe que gratuitamente hemos recibido desde el bautismo. Todo cristiano católico, por serlo, necesariamente es un misionero militante, activo, en frente de lucha desde que nace hasta que muere.

8. Madre de Dios y de los hombres, enséñanos a decir Amén:
— a nuestra vocación cristiana;
— a nuestros deberes como sacerdotes, religiosos y seglares;
— a nuestra realidad histórica que nos pide parte de la vida para reestablecer la unidad que ha roto el egoísmo...

Y desde el Tepeyac, donde tienes el santuario que le pediste a tu pueblo, envía una especial bendición a todos tus hijos que en este día te reconocen una vez más como su Madre, Abogada y Corredentora.

Permite que en nuestros corazones permanezca tu presencia espiritual como un rosario salmódico que repita constantemente el Ave María... Ruega por nosotros pecadores, ahora y en la hora de nuestra muerte. Amén.